幼兒唐詩三百首吟唱

42首念唱輕快、朗朗上口的優美唐詩！

風車圖書
WINDMILL

目錄

【五言】

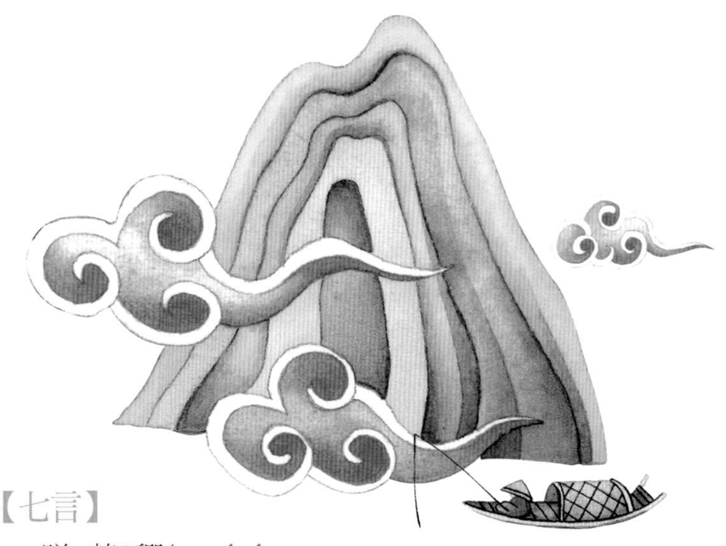

【七言】

春ㄔㄨㄣ 曉ㄒㄧㄠˇ

唐　孟浩然／五言絕句

〈春曉〉

春ㄔㄨㄣ眠ㄇㄧㄢˊ不ㄅㄨˋ覺ㄐㄩㄝˊ曉ㄒㄧㄠˇ，

處ㄔㄨˋ處ㄔㄨˋ聞ㄨㄣˊ啼ㄊㄧˊ鳥ㄋㄧㄠˇ。

夜ㄧㄝˋ來ㄌㄞˊ風ㄈㄥ雨ㄩˇ聲ㄕㄥ，

花ㄏㄨㄚ落ㄌㄨㄛˋ知ㄓ多ㄉㄨㄛ少ㄕㄠˇ？

{詩意小博士} 春天的早晨，睡得很舒服，不知不覺天色已經亮了；醒來後聽見外面傳來鳥兒的叫聲，想起昨夜颳風下雨的聲音，不知風雨中又有多少花被打落？

憫ㄇㄧㄣˇ農ㄋㄨㄥˊ詩ㄕ

唐　李紳／古

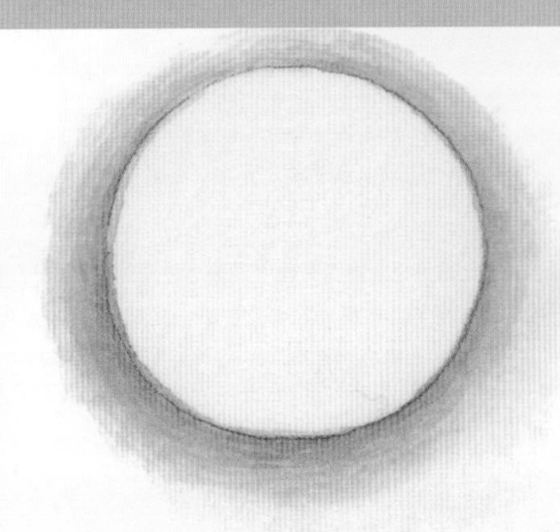

〈憫農詩〉

鋤(ㄔㄨˊ)禾(ㄏㄜˊ)日(ㄖˋ)當(ㄉㄤ)午(ㄨˇ)，
汗(ㄏㄢˋ)滴(ㄉㄧ)禾(ㄏㄜˊ)下(ㄒㄧㄚˋ)土(ㄊㄨˇ)。
誰(ㄕㄟˊ)知(ㄓ)盤(ㄆㄢˊ)中(ㄓㄨㄥ)飧(ㄙㄨㄣ)，
粒(ㄌㄧˋ)粒(ㄌㄧˋ)皆(ㄐㄧㄝ)辛(ㄒㄧㄣ)苦(ㄎㄨˇ)？

詩意小博士 在中午的大太陽底下，農夫們辛苦的為稻苗除草，汗水滴到稻禾下的泥土裡。有誰知道盤中的米飯，每一粒都是來自農民所付出的辛勞呢？

靜ㄐㄧㄥˋ夜ㄧㄝˋ思ㄙ

唐　李白／五言絕

〈靜夜思〉

床(ㄔㄨㄤˊ)前(ㄑㄧㄢˊ)明(ㄇㄧㄥˊ)月(ㄩㄝˋ)光(ㄍㄨㄤ)，
疑(ㄧˊ)是(ㄕˋ)地(ㄉㄧˋ)上(ㄕㄤˋ)霜(ㄕㄨㄤ)。
舉(ㄐㄩˇ)頭(ㄊㄡˊ)望(ㄨㄤˋ)明(ㄇㄧㄥˊ)月(ㄩㄝˋ)，
低(ㄉㄧ)頭(ㄊㄡˊ)思(ㄙ)故(ㄍㄨˋ)鄉(ㄒㄧㄤ)。

{詩意小博士} 在寂靜的夜晚，皎潔的月光灑落下來，映照在床前的地面上，看起來像是凝結了一層白霜。抬頭看見明亮的月亮，低頭思念起自己的故鄉。

相ㄒㄧㄤ思ㄙ

唐　王維／五言絕

〈相思〉

紅ㄏㄨㄥˊ豆ㄉㄡˋ生ㄕㄥ南ㄋㄢˊ國ㄍㄨㄛˊ，

春ㄔㄨㄣ來ㄌㄞˊ發ㄈㄚ幾ㄐㄧˇ枝ㄓ。

願ㄩㄢˋ君ㄐㄩㄣ多ㄉㄨㄛ采ㄘㄞˇ擷ㄐㄧㄝˊ，

此ㄘˇ物ㄨˋ最ㄗㄨㄟˋ相ㄒㄧㄤ思ㄙ。

{詩意小博士} 紅豆樹生長在南方。春天到了，它就會長出枝葉。希望你能夠多採摘些紅豆，因為它能代表你對遠方朋友的思念。

江ㄐㄧㄤ雪ㄒㄩㄝˇ

唐　柳宗元／五言絕

〈江雪〉

千ㄑㄧㄢ 山ㄕㄢ 鳥ㄋㄧㄠˇ 飛ㄈㄟ 絕ㄐㄩㄝˊ，

萬ㄨㄢˋ 徑ㄐㄧㄥˋ 人ㄖㄣˊ 蹤ㄗㄨㄥ 滅ㄇㄧㄝˋ，

孤ㄍㄨ 舟ㄓㄡ 簑ㄙㄨㄛ 笠ㄌㄧˋ 翁ㄨㄥ，

獨ㄉㄨˊ 釣ㄉㄧㄠˋ 寒ㄏㄢˊ 江ㄐㄧㄤ 雪ㄒㄩㄝˇ。

{詩意小博士} 在嚴寒的冬天，山裡所有的鳥都藏起來了，山路上看不到行人的足跡。在這寒冷空寂的地方，有一艘孤伶伶的小船停在江上；小船中有一位披著蓑衣、戴著斗笠的老翁，獨自在飄著白雪的江面上垂釣。

獨(ㄉㄨˊ)坐(ㄗㄨㄛˋ)敬(ㄐㄧㄥˋ)亭(ㄊㄧㄥˊ)山(ㄕㄢ)

唐　李白／五言絕

〈獨坐敬亭山〉

眾(ㄓㄨㄥˋ)鳥(ㄋㄧㄠˇ)高(ㄍㄠ)飛(ㄈㄟ)盡(ㄐㄧㄣˋ)，

孤(ㄍㄨ)雲(ㄩㄣˊ)獨(ㄉㄨˊ)去(ㄑㄩˋ)閒(ㄒㄧㄢˊ)。

相(ㄒㄧㄤ)看(ㄎㄢˋ)兩(ㄌㄧㄤˇ)不(ㄅㄨˋ)厭(ㄧㄢˋ)，

只(ㄓˇ)有(ㄧㄡˇ)敬(ㄐㄧㄥˋ)亭(ㄊㄧㄥˊ)山(ㄕㄢ)。

{詩意小博士} 鳥兒都往高處飛走了，那朵孤單的雲也悠閒的往別處飄去。只有我一動也不動的望著敬亭山；而山也看著我，我們倆誰也不覺得厭煩。

怨ㄩㄢˋ情ㄑㄧㄥˊ

唐　李白／五言絕句

〈怨 情〉

美ㄇㄟˇ人ㄖㄣˊ捲ㄐㄩㄢˇ珠ㄓㄨ簾ㄌㄧㄢˊ，

深ㄕㄣ坐ㄗㄨㄛˋ蹙ㄘㄨˋ蛾ㄜˊ眉ㄇㄟˊ。

但ㄉㄢˋ見ㄐㄧㄢˋ淚ㄌㄟˋ痕ㄏㄣˊ濕ㄕ，

不ㄅㄨˋ知ㄓ心ㄒㄧㄣ恨ㄏㄣˋ誰ㄕㄟˊ？

{詩意小博士} 有一位容貌很美麗的女子，捲起了珠子編成的簾子，皺著眉頭，坐在幽深的庭院裡。只見她的眼角帶著淚痕，不知道她心裡在怨恨誰？

登ㄉㄥ 鸛ㄍㄨㄢˋ 鵲ㄑㄩㄝˋ 樓ㄌㄡˊ

唐　王之渙／五言絕

〈登鸛鵲樓〉

白ㄅㄞˊ日ㄖˋ依ㄧ山ㄕㄢ盡ㄐㄧㄣˋ，

黃ㄏㄨㄤˊ河ㄏㄜˊ入ㄖㄨˋ海ㄏㄞˇ流ㄌㄧㄡˊ。

欲ㄩˋ窮ㄑㄩㄥˊ千ㄑㄧㄢ里ㄌㄧˇ目ㄇㄨˋ，

更ㄍㄥˋ上ㄕㄤˋ一ㄧˋ層ㄘㄥˊ樓ㄌㄡˊ。

詩意小博士 太陽依傍著山頭落下，漸漸消失；黃河的水滾滾流入大海。如果想看的更遠、更廣，就要再登上更高一層樓。

春 ㄔㄨㄣ 怨 ㄩㄢˋ

唐　金昌緒 / 五言絕句

〈春怨〉

打（ㄉㄚˇ）起（ㄑㄧˇ）黃（ㄏㄨㄤˊ）鶯（ㄧㄥ）兒（ㄦˊ），

莫（ㄇㄛˋ）教（ㄐㄧㄠˋ）枝（ㄓ）上（ㄕㄤˋ）啼（ㄊㄧˊ）。

啼（ㄊㄧˊ）時（ㄕˊ）驚（ㄐㄧㄥ）妾（ㄑㄧㄝˋ）夢（ㄇㄥˋ），

不（ㄅㄨˋ）得（ㄉㄜˊ）到（ㄉㄠˋ）遼（ㄌㄧㄠˊ）西（ㄒㄧ）。

【詩意小博士】 春天，黃鶯鳥在枝頭歡唱，優美的啼叫聲驚醒了閨中的少婦，她來到窗口，揮手把黃鶯趕走了。因為鳥兒啼叫時驚醒了她的好夢，使她不能在夢裡和遠在遼西的親人相聚。

渡ㄉㄨˋ漢ㄏㄢˋ江ㄐㄧㄤ

唐　李頻／五言絕

〈渡漢江〉

嶺外音書斷，
經冬復歷春。
近鄉情更怯，
不敢問來人。

詩意小博士 我被朝廷流放在嶺南，經歷了一個冬天，又過了一個春天。如今渡過漢江，又回到北方，但是世事難料，不知道家中現在情況如何？所以愈接近故鄉，心中愈是膽怯，不敢向從故鄉來的人們打聽家裡的消息。

鹿ㄌㄨˋ柴ㄓㄞˋ

唐　王維／五言絕

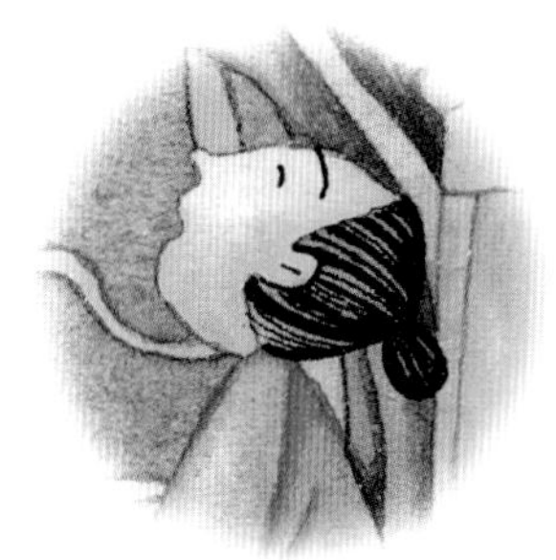

〈鹿柴〉

空(ㄎㄨㄥ)山(ㄕㄢ)不(ㄅㄨˋ)見(ㄐㄧㄢˋ)人(ㄖㄣˊ)，

但(ㄉㄢˋ)聞(ㄨㄣˊ)人(ㄖㄣˊ)語(ㄩˇ)響(ㄒㄧㄤˇ)。

返(ㄈㄢˇ)景(ㄧㄥˇ)入(ㄖㄨˋ)深(ㄕㄣ)林(ㄌㄧㄣˊ)，

復(ㄈㄨˋ)照(ㄓㄠˋ)青(ㄑㄧㄥ)苔(ㄊㄞˊ)上(ㄕㄤˋ)。

詩意小博士 空蕩蕩的山裡，看不見人，只聽到有人說話的聲音。黃昏陽光照進深深的樹林，灑在青苔上，呈現出一片一片的影子。

竹ㄓㄨˊ里ㄌㄧˇ館ㄍㄨㄢˇ

唐　王維／五言絕

<竹里館>

獨(ㄉㄨˊ)坐(ㄗㄨㄛˋ)幽(ㄧㄡ)篁(ㄏㄨㄤˊ)裡(ㄌㄧˇ)，

彈(ㄊㄢˊ)琴(ㄑㄧㄣˊ)復(ㄈㄨˋ)長(ㄔㄤˊ)嘯(ㄒㄧㄠˋ)。

深(ㄕㄣ)林(ㄌㄧㄣˊ)人(ㄖㄣˊ)不(ㄅㄨˋ)知(ㄓ)，

明(ㄇㄧㄥˊ)月(ㄩㄝˋ)來(ㄌㄞˊ)相(ㄒㄧㄤ)照(ㄓㄠˋ)。

{詩意小博士} 獨自坐在靜靜的竹林裡，一邊彈琴，一邊長叫幾聲。竹林很大很深，沒人知道我在這裡；只有明晃晃的月亮，從竹林上頭出現與我相對。

塞ㄙㄞˋ下ㄒㄧㄚˋ曲ㄑㄩˇ

唐　盧綸／樂

〈塞下曲〉

月(ㄩㄝˋ)黑(ㄏㄜˋ)雁(ㄧㄢˋ)飛(ㄈㄟ)高(ㄍㄠ)，

單(ㄔㄢˊ)于(ㄩˊ)夜(ㄧㄝˋ)遁(ㄉㄨㄣˋ)逃(ㄊㄠˊ)，

欲(ㄩˋ)將(ㄐㄧㄤ)輕(ㄑㄧㄥ)騎(ㄐㄧˋ)逐(ㄓㄨˊ)，

大(ㄉㄚˋ)雪(ㄒㄩㄝˇ)滿(ㄇㄢˇ)弓(ㄍㄨㄥ)刀(ㄉㄠ)。

{詩意小博士} 晚上沒有月光，大雁在天上飛；單于趁著天黑逃跑了，將軍準備帶著軍隊去追趕，沒多久，大雪就佈滿在弓箭和大刀上。

絕ㄐㄩㄝˊ句ㄐㄩˋ

唐　杜甫／五言絕

〈絕句〉

江（ㄐㄧㄤ）碧（ㄅㄧˋ）鳥（ㄋㄧㄠˇ）逾（ㄩˊ）白（ㄅㄞˊ），

山（ㄕㄢ）青（ㄑㄧㄥ）花（ㄏㄨㄚ）欲（ㄩˋ）燃（ㄖㄢˊ），

今（ㄐㄧㄣ）春（ㄔㄨㄣ）看（ㄎㄢ）又（ㄧㄡˋ）過（ㄍㄨㄛˋ），

何（ㄏㄜˊ）日（ㄖˋ）是（ㄕˋ）歸（ㄍㄨㄟ）年（ㄋㄧㄢˊ）？

{詩意小博士} 碧綠的江水，把江邊鳥兒的羽毛襯托得潔白；山林青翠，紅色的山花，鮮豔得像要燃燒一般。今年春天眼看就要過去了，不知道什麼時候才能夠回到美麗的故鄉？

尋ㄒㄩㄣˊ隱ㄧㄣˇ者ㄓㄜˇ不ㄅㄨˋ遇ㄩˋ

唐　賈島／五言絕

〈尋隱者不遇〉

松下問童子，
言師採藥去，
只在此山中，
雲深不知處。

{詩意小博士} 在松樹下向童子詢問，他說師父採藥去了，只知道師父在這座山裡，但是因為雲深霧重，所以說不清楚究竟在哪裡。

秋ㄑㄧㄡ浦ㄆㄨˇ歌ㄍㄜ

唐　李白／五言絕

〈秋浦歌〉

白(ㄅㄞˊ)髮(ㄈㄚˇ)三(ㄙㄢ)千(ㄑㄧㄢ)丈(ㄓㄤˋ)，
緣(ㄩㄢˊ)愁(ㄔㄡˊ)似(ㄙˋ)箇(ㄍㄜˋ)長(ㄔㄤˊ)。
不(ㄅㄨˋ)知(ㄓ)明(ㄇㄧㄥˊ)鏡(ㄐㄧㄥˋ)裡(ㄌㄧˇ)，
何(ㄏㄜˊ)處(ㄔㄨˋ)得(ㄉㄜˊ)秋(ㄑㄧㄡ)霜(ㄕㄨㄤ)？

{詩意小博士} 白髮好像有三千丈一般長，因為心中的憂愁正是這樣綿長。我對著明鏡觀看，不知滿頭的秋霜白髮是從哪裡來的？

登ㄉㄥ 樂ㄌㄜˋ 遊ㄧㄡˊ 原ㄩㄢˊ

唐　李商隱／五言絕

〈登樂遊原〉

向ㄒㄧㄤˋ晚ㄨㄢˇ意ㄧˋ不ㄅㄨˋ適ㄕˋ，
驅ㄑㄩ車ㄔㄜ登ㄉㄥ古ㄍㄨˇ原ㄩㄢˊ。
夕ㄒㄧˋ陽ㄧㄤˊ無ㄨˊ限ㄒㄧㄢˋ好ㄏㄠˇ，
只ㄓˇ是ㄕˋ近ㄐㄧㄣˋ黃ㄏㄨㄤˊ昏ㄏㄨㄣ。

詩意小博士 傍晚的時候，心情不太好，就駕著車，登上樂遊古原。夕陽下的風光無限美好，只是已經接近黃昏，美好的景色很快就會消失了。

新ㄒㄧㄣ嫁ㄐㄧㄚˋ娘ㄋㄧㄤˊ詞ㄘˊ

唐　王建／五言絕

〈新嫁娘詞〉

三ㄙㄢ日ㄖˋ入ㄖㄨˋ廚ㄔㄨˊ下ㄒㄧㄚˋ，

洗ㄒㄧˇ手ㄕㄡˇ作ㄗㄨㄛˋ羹ㄍㄥ湯ㄊㄤ。

未ㄨㄟˋ諳ㄢ姑ㄍㄨ食ㄕˊ性ㄒㄧㄥ，

先ㄒㄧㄢ遣ㄑㄧㄢˇ小ㄒㄧㄠˇ姑ㄍㄨ嘗ㄔㄤ。

{詩意小博士} 新娘剛嫁到夫家，第三天就到廚房裡，把手洗乾淨，為婆婆煮湯、做飯。可是她不知道公婆的口味如何，於是先請小姑嚐一嚐味道。

登ㄉㄥ 幽ㄧㄡ 州ㄓㄡ 台ㄊㄞˊ 歌ㄍㄜ

唐　陳子昂／五七雜

〈登幽州台歌〉

前不見古人，

後不見來者。

念天地之悠悠，

獨愴然而涕下。

詩意小博士 先代的聖君，再也見不到，後代的明主，要到什麼時候才出現？想到宇宙無限渺遠，深感人生短暫，而我卻生不逢時，無處施展抱負，只有獨自悲愁淚流滿面！

遊ㄧㄡˊ子ㄗˇ吟ㄧㄣˊ

唐　孟郊／樂

〈遊子吟〉

慈(ㄘˊ)母(ㄇㄨˇ)手(ㄕㄡˇ)中(ㄓㄨㄥ)線(ㄒㄧㄢˋ)，
遊(ㄧㄡˊ)子(ㄗˇ)身(ㄕㄣ)上(ㄕㄤˋ)衣(ㄧ)，
臨(ㄌㄧㄣˊ)行(ㄒㄧㄥˊ)密(ㄇㄧˋ)密(ㄇㄧˋ)縫(ㄈㄥˊ)，
意(ㄧˋ)恐(ㄎㄨㄥˇ)遲(ㄔˊ)遲(ㄔˊ)歸(ㄍㄨㄟ)，
誰(ㄕㄟˊ)言(ㄧㄢˊ)寸(ㄘㄨㄣˋ)草(ㄘㄠˇ)心(ㄒㄧㄣ)，
報(ㄅㄠˋ)得(ㄉㄜˊ)三(ㄙㄢ)春(ㄔㄨㄣ)暉(ㄏㄨㄟ)？

{詩意小博士} 慈母手裡的針線，正縫著兒子身上的衣服。兒子將要出遠門，臨走前，母親把衣服縫的很密實，因為擔心他很久以後才能夠回家。誰說子女像小草一般的孝心，可以報答像春天陽光一般偉大的母愛呢？

贈ㄗㄥˋ花ㄏㄨㄚ卿ㄑㄧㄥ

唐　杜甫／七言絕

〈贈花卿〉

錦ㄐㄧㄣˇ城ㄔㄥˊ絲ㄙ管ㄍㄨㄢˇ日ㄖˋ紛ㄈㄣ紛ㄈㄣ，

半ㄅㄢˋ入ㄖㄨˋ江ㄐㄧㄤ風ㄈㄥ半ㄅㄢˋ入ㄖㄨˋ雲ㄩㄣˊ。

此ㄘˇ曲ㄑㄩˇ祇ㄓˇ應ㄥ天ㄊㄧㄢ上ㄕㄤˋ有ㄧㄡˇ，

人ㄖㄣˊ間ㄐㄧㄢ能ㄋㄥˊ得ㄉㄜˊ幾ㄐㄧˇ回ㄏㄨㄟˊ聞ㄨㄣˊ？

【詩意小博士】　在美麗的成都，每天都可以聽到熱鬧非凡的管弦樂。樂曲隨風飄盪在錦江上的微風和天上的白雲之間，這樣美妙的音樂，應該只有在天上才能夠聽到，凡俗人間又能聽到幾次呢？

回ㄏㄨㄟˊ鄉ㄒㄧㄤ偶ㄡˇ書ㄕㄨ

唐　賀知章／七言絕

〈回鄉偶書〉

少ㄕㄠˋ小ㄒㄧㄠˇ離ㄌㄧˊ家ㄐㄧㄚ老ㄌㄠˇ大ㄉㄚˋ回ㄏㄨㄟˊ,

鄉ㄒㄧㄤ音ㄧㄣ無ㄨˊ改ㄍㄞˇ鬢ㄅㄧㄣˋ毛ㄇㄠˊ衰ㄘㄨㄟ。

兒ㄦˊ童ㄊㄨㄥˊ相ㄒㄧㄤ見ㄐㄧㄢˋ不ㄅㄨˋ相ㄒㄧㄤ識ㄕˋ,

笑ㄒㄧㄠˋ問ㄨㄣˋ客ㄎㄜˋ從ㄘㄨㄥˊ何ㄏㄜˊ處ㄔㄨˋ來ㄌㄞˊ?

{詩意小博士} 我少年時就離開了家鄉,到了老年才回來;口音沒有改變,頭髮卻都白了。家鄉的孩子們看到我都不認識,笑著問我是從什麼地方來的?

江ㄐㄧㄤ南ㄋㄢˊ逢ㄈㄥˊ李ㄌㄧˇ龜ㄍㄨㄟ年ㄋㄧㄢˊ

唐　杜甫／七言絕

<江南逢李龜年>

岐ㄑㄧˊ王ㄨㄤˊ宅ㄓㄞˊ裡ㄌㄧˇ尋ㄒㄩㄣˊ常ㄔㄤˊ見ㄐㄧㄢˋ，

崔ㄘㄨㄟ九ㄐㄧㄡˇ堂ㄊㄤˊ前ㄑㄧㄢˊ幾ㄐㄧˇ度ㄉㄨˋ聞ㄨㄣˊ，

正ㄓㄥˋ是ㄕˋ江ㄐㄧㄤ南ㄋㄢˊ好ㄏㄠˇ風ㄈㄥ景ㄐㄧㄥˇ，

落ㄌㄨㄛˋ花ㄏㄨㄚ時ㄕˊ節ㄐㄧㄝˊ又ㄧㄡˋ逢ㄈㄥˊ君ㄐㄩㄣ。

{詩意小博士} 過去，我常常在岐王府裡見到你，好幾次在崔九家中聽到你唱歌。當時江南正是春光無限、風景如畫；如今，春天快要過去了，花落的時候，我又在江南遇到了你。

九月九日憶山東兄弟

唐　王維／七言絕

〈九月九日憶山東兄弟〉

獨(ㄉㄨˊ)在(ㄗㄞˋ)異(ㄧˋ)鄉(ㄒㄧㄤ)爲(ㄨㄟˊ)異(ㄧˋ)客(ㄎㄜˋ)，

每(ㄇㄟˇ)逢(ㄈㄥˊ)佳(ㄐㄧㄚ)節(ㄐㄧㄝˊ)倍(ㄅㄟˋ)思(ㄙ)親(ㄑㄧㄣ)。

遙(ㄧㄠˊ)知(ㄓ)兄(ㄒㄩㄥ)弟(ㄉㄧˋ)登(ㄉㄥ)高(ㄍㄠ)處(ㄔㄨˋ)，

遍(ㄅㄧㄢˋ)插(ㄔㄚ)茱(ㄓㄨ)萸(ㄩˊ)少(ㄕㄠˇ)一(ㄧˊ)人(ㄖㄣˊ)。

詩意小博士 我獨自在異鄉生活，每逢團聚的節日，就加倍思念故鄉的親人。想起以前和兄弟們在重陽節登高慶祝的情景，今年大家在插茱萸時，一定會因為少了我而感到遺憾吧！

夜ㄧㄝˋ雨ㄩˇ寄ㄐㄧˋ北ㄅㄟˇ

唐　李商隱／七言絕

〈夜雨寄北〉

君（ㄐㄩㄣ）問（ㄨㄣˋ）歸（ㄍㄨㄟ）期（ㄑㄧˊ）未（ㄨㄟˋ）有（ㄧㄡˇ）期（ㄑㄧˊ），

巴（ㄅㄚ）山（ㄕㄢ）夜（ㄧㄝˋ）雨（ㄩˇ）漲（ㄓㄤˋ）秋（ㄑㄧㄡ）池（ㄔˊ）。

何（ㄏㄜˊ）當（ㄉㄤ）共（ㄍㄨㄥˋ）剪（ㄐㄧㄢˇ）西（ㄒㄧ）窗（ㄔㄨㄤ）燭（ㄓㄨˊ），

卻（ㄑㄩㄝˋ）話（ㄏㄨㄚˋ）巴（ㄅㄚ）山（ㄕㄢ）夜（ㄧㄝˋ）雨（ㄩˇ）時（ㄕˊ）。

【詩意小博士】 你問我什麼時候才能夠回家和你團聚？我也不知道。巴山的秋夜下著雨，池塘漲滿了雨水。什麼時候才能和你一起坐在西窗邊，剪去燭花，在明亮的燭光裡，談論著我在巴山的雨夜裡對你的思念？

清ㄑㄧㄥ平ㄆㄧㄥˊ調ㄉㄧㄠˋ

唐　李白／樂

〈清平調〉

雲（ㄩㄣˊ）想（ㄒㄧㄤˇ）衣（一）裳（ㄕㄤ）花（ㄏㄨㄚ）想（ㄒㄧㄤˇ）容（ㄖㄨㄥˊ），

春（ㄔㄨㄣ）風（ㄈㄥ）拂（ㄈㄨˊ）檻（ㄐㄧㄢˋ）露（ㄌㄨˋ）華（ㄏㄨㄚ）濃（ㄋㄨㄥˊ）。

若（ㄖㄨㄛˋ）非（ㄈㄟ）群（ㄑㄩㄣˊ）玉（ㄩˋ）山（ㄕㄢ）頭（ㄊㄡˊ）見（ㄐㄧㄢˋ），

會（ㄏㄨㄟˋ）向（ㄒㄧㄤˋ）瑤（一ㄠˊ）臺（ㄊㄞˊ）月（ㄩㄝˋ）下（ㄒㄧㄚˋ）逢（ㄈㄥˊ）。

【詩意小博士】 看到了雲，就聯想到她的衣裳；看到了花，就想起她的容貌。當春風吹拂著窗檻，花朵盛著露水綻放，就像她一樣濃豔美麗。這樣的美女，如果不是在西王母住的群玉山上見過，就是曾經在瑤台的月光下相逢。

江ㄐㄧㄤ南ㄋㄢ春ㄔㄨㄣ

唐　杜牧／七言絕

〈江南春〉

千里鶯啼綠映紅，
水村山郭酒旗風，
南朝四百八十寺，
多少樓臺煙雨中。

詩意小博士 在南方的廣大江山，黃鶯啼叫，百花盛開。綠水旁、山坡邊的村莊，酒店的酒旗迎風招展。南朝各代修建的幾百座寺廟，都在迷濛的煙雨中若隱若現，引人入勝。

黃ㄏㄨㄤˊ鶴ㄏㄜˋ樓ㄌㄡˊ送ㄙㄨㄥˋ孟ㄇㄥˋ浩ㄏㄠˋ然ㄖㄢˊ之ㄓ廣ㄍㄨㄤˇ陵ㄌㄧㄥˊ

唐　李白／七言絕

〈黃鶴樓送孟浩然之廣陵〉

故人西辭黃鶴樓，

煙花三月下揚州，

孤帆遠影碧山盡，

惟見長江天際流。

詩意小博士 老朋友告別了西邊的黃鶴樓，在綺麗、繽紛的三月，乘船往東到揚州。船帆越來越遠，帆影最後消失在青翠的山巒之後，只見長江往遠遠的天邊向東流去。

涼ㄌㄧㄤˊ州ㄓㄡ詞ㄘˊ

唐　王之渙／七言絕

〈涼州詞〉

黃(ㄏㄨㄤˊ)河(ㄏㄜˊ)遠(ㄩㄢˇ)上(ㄕㄤˋ)白(ㄅㄞˊ)雲(ㄩㄣˊ)間(ㄐㄧㄢ)，

一(ㄧˊ)片(ㄆㄧㄢˋ)孤(ㄍㄨ)城(ㄔㄥˊ)萬(ㄨㄢˋ)仞(ㄖㄣˋ)山(ㄕㄢ)。

羌(ㄑㄧㄤ)笛(ㄉㄧˊ)何(ㄏㄜˊ)須(ㄒㄩ)怨(ㄩㄢˋ)楊(ㄧㄤˊ)柳(ㄌㄧㄡˇ)，

春(ㄔㄨㄣ)風(ㄈㄥ)不(ㄅㄨˊ)度(ㄉㄨˋ)玉(ㄩˋ)門(ㄇㄣˊ)關(ㄍㄨㄢ)。

{詩意小博士} 遠遠望去，黃河的上游好像延伸到雲端一般，河邊一座孤伶伶的城堡，背後是高聳的群山。羌笛啊！你不要吹奏這樣哀怨的折楊柳曲子，因為溫暖的春風，從來就不曾吹過玉門關啊！

泊ㄅㄛˊ秦ㄑㄧㄣˊ淮ㄏㄨㄞˊ

唐　杜牧／七言絕

〈泊秦淮〉

煙(ㄧㄢ)籠(ㄌㄨㄥˊ)寒(ㄏㄢˊ)水(ㄕㄨㄟˇ)月(ㄩㄝˋ)籠(ㄌㄨㄥˊ)沙(ㄕㄚ)，
夜(ㄧㄝˋ)泊(ㄅㄛˊ)秦(ㄑㄧㄣˊ)淮(ㄏㄨㄞˊ)近(ㄐㄧㄣˋ)酒(ㄐㄧㄡˇ)家(ㄐㄧㄚ)。
商(ㄕㄤ)女(ㄋㄩˇ)不(ㄅㄨˋ)知(ㄓ)亡(ㄨㄤˊ)國(ㄍㄨㄛˊ)恨(ㄏㄣˋ)，
隔(ㄍㄜˊ)江(ㄐㄧㄤ)猶(ㄧㄡˊ)唱(ㄔㄤˋ)後(ㄏㄡˋ)庭(ㄊㄧㄥˊ)花(ㄏㄨㄚ)。

{詩意小博士} 淡淡的煙霧籠罩在寒冷的河水上，明朗的月色籠罩著河岸的沙灘。把船停泊在秦淮河畔，賣唱的歌女正隔著江水，唱著玉樹後庭花，絲毫沒有感受到亡國之恨。

望ㄨㄤˋ洞ㄉㄨㄥˋ庭ㄊㄧㄥˊ

唐　劉禹錫／七言絕

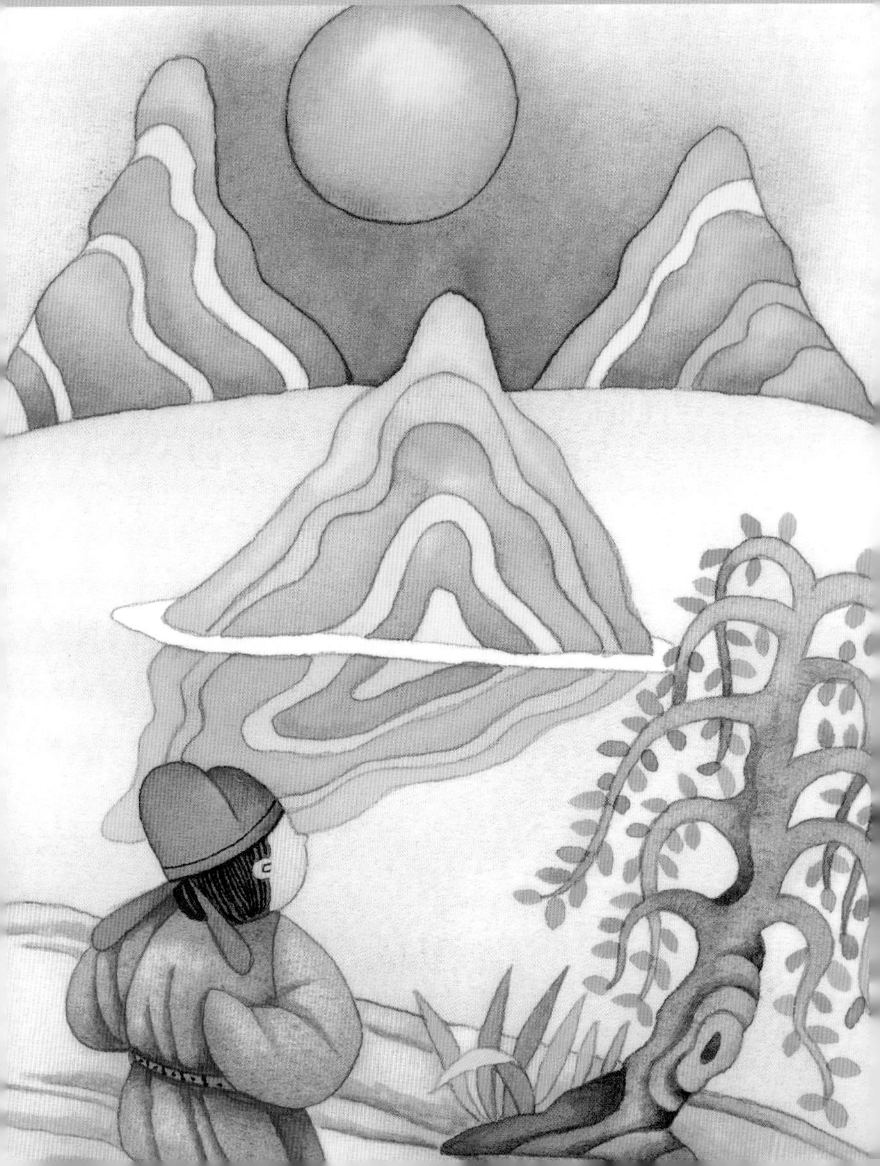

〈望洞庭〉

湖ㄏㄨˊ光ㄍㄨㄤ秋ㄑㄡ月ㄩㄝˋ兩ㄌㄧㄤˇ相ㄒㄧㄤ和ㄏㄜˊ，

潭ㄊㄢˊ面ㄇㄧㄢˋ無ㄨˊ風ㄈㄥ鏡ㄐㄧㄥˋ未ㄨㄟˋ磨ㄇㄛˊ。

遙ㄧㄠˊ望ㄨㄤˋ洞ㄉㄨㄥˋ庭ㄊㄧㄥˊ山ㄕㄢ水ㄕㄨㄟˇ色ㄙㄜˋ，

白ㄅㄞˊ銀ㄧㄣˊ盤ㄆㄢˊ裡ㄌㄧˇ一ㄧ青ㄑㄧㄥ螺ㄌㄨㄛˊ。

{詩意小博士} 秋天的夜裡，洞庭湖的湖面和月光互相輝映，
沒有被風吹動的湖面，就像沒有琢磨過的鏡子一般朦朧。遠遠望
著洞庭湖的水面，襯著湖中青翠的山，就像一個皎潔的銀盤裡，
放了一顆小巧的青螺一樣精緻可愛。

烏ㄨ衣ㄧ巷ㄒㄧㄤˋ

唐　劉禹錫／七言絕

〈烏衣巷〉

朱ㄓㄨ雀ㄑㄩㄝˋ橋ㄑㄧㄠˊ邊ㄅㄧㄢ野ㄧㄝˇ草ㄘㄠˇ花ㄏㄨㄚ，

烏ㄨ衣ㄧ巷ㄒㄧㄤˋ口ㄎㄡˇ夕ㄒㄧˋ陽ㄧㄤˊ斜ㄒㄧㄚˊ。

舊ㄐㄧㄡˋ時ㄕˊ王ㄨㄤˊ謝ㄒㄧㄝˋ堂ㄊㄤˊ前ㄑㄧㄢˊ燕ㄧㄢˋ，

飛ㄈㄟ入ㄖㄨˋ尋ㄒㄩㄣˊ常ㄔㄤˊ百ㄅㄞˇ姓ㄒㄧㄥˋ家ㄐㄧㄚ。

{詩意小博士} 走過朱雀橋，橋邊長滿了野草野花；來到烏衣巷，夕陽餘暉正照著巷口。當年的王公貴族居住的深宅大院已經消失，換成一般的住家；而王、謝兩大顯赫家族堂屋前的燕子，已經飛到平民百姓的家築巢了。

嫦ㄔˊ娥ㄜˊ

唐　李商隱／七言絕

〈嫦娥〉

雲母屏風燭影深，

長河漸落曉星沈。

嫦娥應悔偷靈藥，

碧海青天夜夜心。

詩意小博士 屋子裡燭光黯淡，雲母屏風上籠罩著一層深深的暗影；屋外，銀河星辰逐漸沉落。我想：嫦娥一定後悔當初偷吃了長生不老的仙丹，結果每個夜晚都在月宮裡，獨自面對著碧海青天，寂寞冷清。

清ㄑㄧㄥ明ㄇㄧㄥˊ

唐　杜牧／七言絕句

〈清明〉

清明時節雨紛紛，
路上行人欲斷魂；
借問酒家何處有？
牧童遙指杏花村。

詩意小博士 清明節的時候，雨下個不停；路上的行人行色匆匆十分憂愁。我在路上遇到放牛的牧童，問他哪裡有酒店？牧童指著遠處的杏花村，告訴我那裡就有酒店。

大ㄉㄚˋ林ㄌㄧㄣˊ寺ㄙˋ桃ㄊㄠˊ花ㄏㄨㄚ

唐　白居易／七言絕

〈大林寺桃花〉

人間四月芳菲盡，

山寺桃花始盛開。

長恨春歸無覓處，

不知轉入此中來。

【詩意小博士】 人世間的四月，已經是晚春，百花早已凋落，而大林寺裡的桃花才剛剛盛開。我常常惱恨春天的消逝，找不到它的蹤影；卻不知道它竟然悄悄的來到大林寺這裡。

出ㄔㄨ塞ㄙㄞˋ

唐　王昌齡/⋯

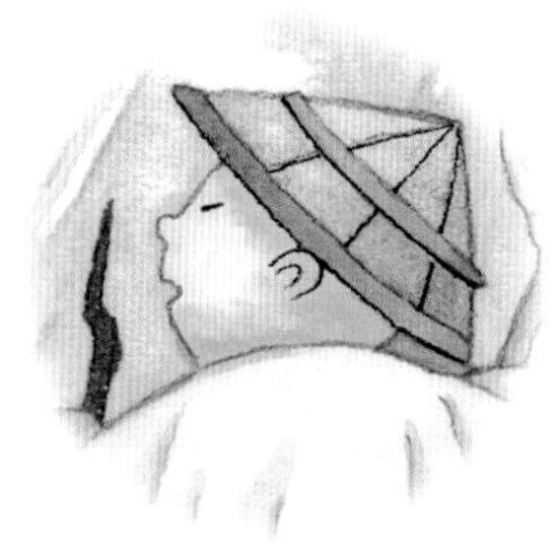

〈出塞〉

秦時明月漢時關，
萬里長征人未還。
但使龍城飛將在，
不教胡馬度陰山。

詩意小博士 天上是秦朝時照著大地的月亮，地上是漢朝時建立的邊塞關口，那些到塞外遠征的戰士仍然沒有回來。如果有漢朝的飛將軍李廣那樣英勇的戰士在，絕不會讓胡人的戰馬衝過陰山。

早ㄗㄠˇ發ㄈㄚ白ㄅㄞˊ帝ㄉㄧˋ城ㄔㄥˊ

唐　李白／七言絕

〈早發白帝城〉

朝辭白帝彩雲間，

千里江陵一日還。

兩岸猿聲啼不住，

輕舟已過萬重山。

{詩意小博士} 早晨辭別了聳立在彩雲間的白帝城，坐船順流而下，只要一天的時間，就可以到達相距千里的江陵。當長江三峽兩岸的猿猴，啼叫聲還在山谷中迴響時，輕快的小舟已經穿過重重的高山。

秋ㄑㄧㄡ夕ㄒㄧˋ

唐　杜牧／七言絕

〈秋夕〉

銀(ㄧㄣˊ)燭(ㄓㄨˊ)秋(ㄑㄧㄡ)光(ㄍㄨㄤ)冷(ㄌㄥˇ)畫(ㄏㄨㄚˋ)屏(ㄆㄧㄥˊ)，
輕(ㄑㄧㄥ)羅(ㄌㄨㄛˊ)小(ㄒㄧㄠˇ)扇(ㄕㄢˋ)撲(ㄆㄨ)流(ㄌㄧㄡˊ)螢(ㄧㄥˊ)。
天(ㄊㄧㄢ)階(ㄐㄧㄝ)夜(ㄧㄝˋ)色(ㄙㄜˋ)涼(ㄌㄧㄤˊ)如(ㄖㄨˊ)水(ㄕㄨㄟˇ)，
坐(ㄗㄨㄛˋ)看(ㄎㄢˋ)牽(ㄑㄧㄢ)牛(ㄋㄧㄡˊ)織(ㄓ)女(ㄋㄩˇ)星(ㄒㄧㄥ)。

詩意小博士 銀色的蠟燭發出微弱的光，清冷的照在屏風上面。手中拿著用輕薄絲絹做成的小扇子，撲打著飛舞的螢火蟲。皇宮的台階在夜色的籠罩下，像水一樣的冰冷；我依舊坐在石階上，仰望著天空上的牛郎織女星。

小ㄒㄧㄠˇ兒ㄦˊ垂ㄔㄨㄟˊ釣ㄉㄧㄠˋ

唐　胡令能／七言絕

〈小兒垂釣〉

蓬(ㄆㄥˊ)頭(ㄊㄡˊ)稚(ㄓˋ)子(ㄗˇ)學(ㄒㄩㄝˊ)垂(ㄔㄨㄟˊ)綸(ㄌㄨㄣˊ)，

側(ㄘㄜˋ)坐(ㄗㄨㄛˋ)莓(ㄇㄟˊ)苔(ㄊㄞˊ)草(ㄘㄠˇ)映(ㄧㄥˋ)身(ㄕㄣ)。

路(ㄌㄨˋ)人(ㄖㄣˊ)借(ㄐㄧㄝˋ)問(ㄨㄣˋ)遙(ㄧㄠˊ)招(ㄓㄠ)手(ㄕㄡˇ)，

怕(ㄆㄚˋ)得(ㄉㄜˊ)魚(ㄩˊ)驚(ㄐㄧㄥ)不(ㄅㄨˋ)應(ㄧㄥˋ)人(ㄖㄣˊ)。

詩意小博士 有一個頭髮亂糟糟的小孩在溪邊學垂釣，他坐在長滿青苔的草叢中。過路的人想問路，他遠遠的向對方擺一擺手；怕發出聲音會嚇跑了魚兒，所以不回答問題。

涼(ㄌㄧㄤˊ)州(ㄓㄡ)詞(ㄘˊ)

唐　王翰／七言絕

<涼州詞>

葡(ㄆㄨˊ)萄(ㄊㄠˊ)美(ㄇㄟˇ)酒(ㄐㄧㄡˇ)夜(ㄧㄝˋ)光(ㄍㄨㄤ)杯(ㄅㄟ)，

欲(ㄩˋ)飲(ㄧㄣˇ)琵(ㄆㄧˊ)琶(ㄆㄚˊ)馬(ㄇㄚˇ)上(ㄕㄤˋ)催(ㄘㄨㄟ)。

醉(ㄗㄨㄟˋ)臥(ㄨㄛˋ)沙(ㄕㄚ)場(ㄔㄤˇ)君(ㄐㄩㄣ)莫(ㄇㄛˋ)笑(ㄒㄧㄠˋ)，

古(ㄍㄨˇ)來(ㄌㄞˊ)征(ㄓㄥ)戰(ㄓㄢˋ)幾(ㄐㄧˇ)人(ㄖㄣˊ)回(ㄏㄨㄟˊ)？

{詩意小博士} 晶瑩的夜光杯裡裝著葡萄酒，當正要一飲而盡時，琵琶聲在催促著士兵們上戰場了。但是我想多喝幾杯，就算是醉倒在戰場上，你也不要笑我；自古以來，遠征作戰，有幾個人能夠平安的回來呢？

浪ㄌㄤˋ淘ㄊㄠˊ沙ㄕㄚ

唐　劉禹錫／樂

〈浪淘沙〉

日ㄖˋ照ㄓㄠˋ澄ㄔㄥˊ洲ㄓㄡ江ㄐㄧㄤ霧ㄨˋ開ㄎㄞ，

淘ㄊㄠˊ金ㄐㄧㄣ女ㄋㄩˇ伴ㄅㄢˋ滿ㄇㄢˇ江ㄐㄧㄤ隈ㄨㄟ。

美ㄇㄟˇ人ㄖㄣˊ首ㄕㄡˇ飾ㄕˋ侯ㄏㄡˊ王ㄨㄤˊ印ㄧㄣˋ，

儘ㄐㄧㄣˇ是ㄕˋ沙ㄕㄚ中ㄓㄨㄥ浪ㄌㄤˋ底ㄉㄧˇ來ㄌㄞˊ。

{詩意小博士} 日光照著江水中的沙洲，把江上的霧氣都給驅散了；在江水轉彎的地方，擠滿了淘金的女子。有錢婦女穿戴的飾品和王公貴族的金印，都是她們從沙中、浪底淘出來的。

楓ㄈㄥ 橋ㄑㄧㄠˊ 夜ㄧㄝˋ 泊ㄅㄛˊ

唐　張繼／七言絕句

〈楓橋夜泊〉

月落烏啼霜滿天，
江楓漁火對愁眠。
姑蘇城外寒山寺，
夜半鐘聲到客船。

詩意小博士 月亮慢慢往下沈，遠遠傳來烏鴉的叫聲，到處都結了霜。我躺在船裡，望著江邊的楓樹和漁火，憂愁得睡不著覺。姑蘇城外有一座寒山寺，寺裡半夜敲響的鐘聲，傳到我這個過客的船上。

幼兒唐詩三百首吟唱

- 社長／許丁龍
- 編輯／風車編輯製作
- 出版／風車圖書出版有限公司
- 代理／三暉圖書發行有限公司
- 地址／221新北市汐止區福德一路392巷23號之1
- 電話／02-2695-9502
- 傳真／02-2695-9510
-統編／89595047
- 網址／www.windmill.com.tw
- 劃撥／14957898
- 戶名／三暉圖書發行有限公司
- 再版／2014年06月